그대를 더 사랑하는 것은

조남명 시집
그대를 더 사랑하는 것은
■
인쇄 2014년 07월 05일
발행 2014년 07월 07일
■
지은이 조남명
펴낸곳 도서출판 문화의힘
펴낸이 이순옥
■
대전 동구 삼성1동 125-6
한밭오피스텔 406호/ 등록 제117호
전화 042-633-6537
전송 0505-489-6537

ISBN 978-89-90647-74-0

값 10,000원

그대를 더 사랑하는 것은

조남명 시집

도서출판 문화의힘

그대를 더 사랑하는 것은

■ 시인의 말

첫 시집『사랑하며 살기도 짧다』를 펴낸 후 3년 만에 『그대를 더 사랑하는 것은』 시집을 엮어 내놓는다. 부족한 글이나마, 누군가의 가슴에 작은 느낌 한 점이라도 찍는다면 족하겠다. 평범한 일상 속에서 남들이 미처 못 본 것을 찾아 평이한 언어로 엮었으니, 누구든 쉽게 이해하리라. 다섯 나눔으로 하였으며, 전 시집에 있던 시중에 퇴고를 한 것을 마지막 나눔에 일부를 실었다. 이 땅 어디, 누구에도 행복이 있기를 빈다.

2014년 여름

東湖 趙南明

■ 시인의 말

1

그대를 더 사랑합니다

• 봄의 길목 · 13
• 백목련 · 14
• 춘매 · 15
• 그대를 더 사랑합니다 · 16
• 행복은 지금, 이곳에 · 18
• 아내 옆에서 · 19
• 당신과 나 · 20
• 민들레꽃 · 21
• 새해 소망 · 22
• 얼굴 · 23
• 이게 사람입니다 · 24
• 의자가 되어 · 25
• 내 마음 · 26
• 동백꽃 2 · 27
• 부부 · 28
• 능소화 · 30
• 꽃샘추위 · 31

2

마음으로 비는 위로

- 장미 · 35
- 마음으로 비는 위로 · 36
- 네 잎 클로버 · 37
- 마지막 갈 때 입는 옷 · 38
- 억새 · 39
- 고향 · 40
- 은은한 사랑 · 42
- 그대가 한번 나를 되어 봤으면 · 43
- 한글 · 44
- 홍시 · 46
- 도시 플라타너스 · 47
- 가을 길목 · 48
- 내 가슴 안에 · 49
- 손자 · 50
- 제주도 · 52
- 은반의 꽃 · 53

3

지워지지 않는 사람

- 처음 눈빛 · 57
- 어김없이 오는 봄 · 58
- 목련 · 59
- 당신은 · 60
- 사랑의 끈 · 61
- 가는 길 · 62
- 즐겁게 사는 삶 · 63
- 속을 씻어야 · 64
- 그대 떠난다면 · 65
- 인생 역 · 66
- 바다 · 67
- 소용없는 일 · 68
- 먼저 되어야 하리 · 69
- 단풍처럼 · 70
- 가을 이별 · 71
- 지워지지 않는 사람 · 72

4

그대를 더 사랑하는 것은

- 설날 아침에 · 75
- 오월에 내리는 눈 · 76
- 선운사 꽃무릇 · 77
- 단풍 · 78
- 간밤에 내린 눈 · 79
- 임종 · 80
- 눈사람 · 82
- 소중한 하루 · 83
- 엄동설한 · 84
- 고향집 겨울밤 · 85
- 어버이 · 86
- 아버지의 혼불 · 88
- 그리움 · 89
- 매미의 통곡 · 90
- 여름밤 · 91
- 그대를 더 사랑하는 것은 · 92

5

사랑은 마음입니다

• 사랑은 마음입니다 · 97
• 열매 · 98
• 그대를 사랑합니다 · 99
• 나만이 그대를 · 100
• 통일의 그날 · 101
• 그대 만나기를 잘했습니다 · 102
• 독도 · 104
• 금강 · 106
• 진달래꽃 · 108
• 부부가 살아간다는 것은 · 110
• 동백꽃 · 111
• 내려가는 법 · 112
• 미안합니다 · 113
• 가족 · 114
• 그대와 걷던 길 · 115
• 백두산 천지 · 116

■ 평설
사람과 사랑, 그 서정의 나라 | 김용재 · 118

I

그대를
더
사랑합니다

조남명 作 「새해」

그대를 더 사랑하는 것은

봄의 길목

꽃샘추위 힘을 못 쓰니
음지쪽 얼음 조각도
숨죽여 녹는다

잔설 뚫은 복수초화는
매화를 깨우고
버들갱이는
깃털 눈을 비빈다

언 땅 암토暗土에서
대지를 뚫고 올린
연약한 새싹들의 강한 생명력

연초록으로 내미는 어린잎
터질 듯 부푼 꽃망울들
때 되면 어김없이 오는
여린 생명의 몸짓은 어디서 오는가

백목련

마른나무 하늘에 걸린
목련꽃

볼수록 빨려드는
말간 봉오리
세상의 무슨 꽃이 이것만 하랴

고결한 꽃잎은
어린 수도자의 맑은 볼이어라
볼록한 봉오리
혼신으로 꽃잎을 터치니
어렵게 피어나 귀티 나는구나

잎사귀 몰래 나와
못내 지고 마는
시리도록 순결한 선화禪花여

춘매春梅

담장 밑엔
잔설이
찬바람과 노는데

매화는
안달이네
꽃봉오리 내밀어

해마다
꽃샘추위
시샘을 당하건만

그 절개
변함없어
그를 다시 보아라

그대를 더 사랑합니다

그대가
나를 생각하는 것보다
나, 그대를 더 생각합니다

그대가
나를 사랑하는 것보다
그대를 더더욱 사랑합니다

그대와 만날 때가
지났다 하여도
난, 오랫동안 그대를 기다립니다

그대 가슴속의 내 자리보다
내 가슴속에 차지한
그대 자리가 훨씬 넓습니다

그대와 나는
하나이니
둘이 아니게 영원히 사랑하겠습니다

그대보다 나는
더 사랑하고
더 오래 지켜주려 합니다

행복은 지금, 이곳에

누구나 소망하는 행복이란 건
바로 지금,
내가 머문 이곳에 있습니다

지금 여기 숨어있는
행복을 못 찾는다면
그걸 외면하고 차내는 짓입니다

행복은 누가 가져다주는 게 아닌
내가 지금 있는 이곳에서
마음속에 만들어
채워가야 합니다

행복은 세월이 아닌
하루하루 시간 속에서
하고 있는 일과
삶에 대한 만족입니다

아내 옆에서

그대 나를 만나
강산이 여러 번 바뀐 세월
어느새 다 쓰고 말았소

여간해선 힘든 내색 않더니
잠든 모습 옆에서 보니
길게 패인 주름 속에 숨겼구려
검은 머리는 너무 일찍 숨었고
고왔던 귀밑 볼은 도둑맞았나 보오

삶같이 못 살아온
되돌릴 수 없는 과거
남은 인생 따뜻한 가슴으로 안겠소

작은 것도 만족하며
여행 다 하는 날까지
세월과 함께 가자구려

당신과 나

세상은 한없이 넓다지만
내 세상은
당신과 나뿐입니다

수많은 사람이 있다한들
내 사람은 당신뿐입니다

세월은 끝없이 길어도
내 시간은
당신과 같이하는 동안입니다

당신은 나에게 태양
나는 당신을 반기는 달입니다
당신의 빛으로 내 모습이 보입니다
당신과 나는
사랑만 하며 살기에도 짧습니다

민들레꽃

바람 머문 곳에
뿌리내리는 민들레

길섶에 짓밟히고
돌 틈새 끼어도
웃는다

언 땅에서 새 줄기 돋고
잘린 뿌리도 싹 틔우는
강한 생명력

어찌 삶을 포기 하는 사람이 있는가

새해 소망

새벽을 깨우며
이 땅에 축복의 새 빛이 내렸다
올해는 꿈 가득히 이루는 한 해가 되어라

얽힌 매듭 일일이 풀어
들풀 흔들림에도 눈 기울이는
그런 한 해가 되어라

꼭 쥔 허리 풀어져
사지에 따뜻한 피 흘러
뜨거운 가슴 가까워져 오는 해가 되어라

이제, 정기 서린 한반도 산하에
힘찬 기운 그칠 없이
목화솜처럼 온화한
모두가 살고싶은 희망의 땅이 되어라

얼굴

사람의 두 눈이
얼굴 맨 위에 있는 것은
멀리 내다보라는 거다

입이 하나, 귀가 둘인 것은
제 말은 적게 하면서
남의 말은 두 배로 잘 들으라는 거다

눈을 감게 하고, 귀가 열려 있는 것은
눈으론 볼 것만 보고
귀로는 남의 말을
기울여 들으라는 거다

눈과 입, 머리가 둥근 것은
눈으로 둥글게 보고
입으로 모난 말을 하지 않으며
머리로는 세상을 둥글게 살라는 거다

이게 사람입니다

원하지 않아도 태어나는 것
죽도록 사랑하는 사람과도
헤어져야 하는 것

언제까지나 건강하고 싶지만
병이 드는 것
보고픔도, 하고픔도 다 못하는 것

보기 싫은 사람도
만나야 하는 것
고달프고 어려워도
참아야 하는 것

오래도록 살고 싶지만
죽어야 하는 것
바로 이게 사람입니다

의자가 되어

그대 힘들 때면
언제라도
걸터앉아 쉴 수 있는
의자가 되어
그대 옆에 있을게요

모든 게 귀찮고 싫어질 땐
주저앉아 마음을 가다듬을 수 있는
의자가 되어
그대 옆에 있을게요

고달프거나 속상할 때는
마음을 달랠 수 있는
편한 의자가 되어
그대 옆에 늘 있을게요

내 마음

외로운 그대가
가까이 다가와
물끄러미 바라보면
하얀 눈빛으로 웃어주는
들꽃이 되고 싶다

구름에 섞인 달을
넋 놓아 올려다보면
환한 얼굴로
갈 길을 비춰주는
저, 달이 되고 싶다

동백꽃 2

진초록 잎사귀 속
붉은 속살 드러낸
동백꽃망울

삼동三冬 거센 바람 시달려도
그리움을 못 기다려
눈 속에 피었는가

시들지 못한 채
여인의 닭똥 같은 눈물지듯
꽃송이 채 낙하하는 슬픈 꽃이여
떨어진 꽃이 더 아름다워라

수줍은 듯 벌어진 붉은 꽃잎은
소녀의 말간 입술이요
봄 처녀의 붉디붉은 마음이어라

부부夫婦

1
가깝다 멀어지고
멀다가 가까워지는
함께 있으면 쉬 잊고
옆에 없으면 그리워지는 사람

몸도 마음도 하나로 섞는
둘이지만 하나인
눈빛만으로 사는
이런 아름다운 사이가 있는가

2

그 무엇에
인생을 다 빼앗기고 있는 이여
행복은 현재에 있는 것
미룰 일이 아니다

제일 슬픈 일은
살다가 한쪽이 먼저 가는 것
나이 들수록 더 사랑하고 더 위해주다
"당신 만나 행복 했소"
함께 눈 감는 게 소망이리라

능소화

그대가 그리워
멀리 올려다봅니다

얼굴 붉어져도
그대 있는 쪽으로
손을 더듬어 갑니다

벌 나비는 날아와
제 일에 바쁘고
타는 속을 알 리 없습니다

꽃샘추위

겨울은
가기 아쉬워
한설寒雪로
새봄을 시샘한다

그런다고
요동치는 봄 기운을
막을 수가 있는가

그럴수록
더 굳센 싹으로
더 튼실한 꽃으로
만들어 줄 뿐

그대를 더 사랑하는 것은

2

마음으로 비는 위로

조남명 作 「매죽」

그대를 더 사랑하는 것은

장미

눈부시게
불붙은 줄장미
담장 너머 오가는 이에게
사랑을 펴준다

고운 꽃에
가시가 달린 게 아닌
가시가 있는 줄기에서
저런 고운 꽃이 피었으리라

사랑하고 있는 이들이여
여왕에게서
가시에 찔리며 열정을 배우라
그리고 정열을 쏟아라

마음으로 비는 위로

내색 없이
늘 다정하게
모든 이를 맞이해 주는
여인이 있다

사고로 혼자가 된
힘든 일 있었음을
뒤늦게 알고
마음 한동안 숙연해져

한 해가 지난 지금에
마음 상할까
무어라 위로를 건내리

변함없이 힘 잃지 않고
당찬 모습으로 남아 가기를
마음속으로 빌어 줄 뿐이어라

네 잎 클로버

네 잎 클로버 찾으려
눈을 부릅뜨고
세 잎 클로버 짓밟는 사람들

지천에 깔린 행복
외면하면서
행복 속에서
그 소중함 모른 채

요행으로
행운만을 잡기 위해
방황하고 있는가

* 꽃말: 네 잎 클로버는 '행운',
세 잎 클로버는 '행복'

마지막 갈 때 입는 옷

호주머니가 없다

* 수의(壽衣) : 사람이 죽어 마지막으로 입고 가는 옷.

억새

칼날 잎 서슬 퍼렇던 억새풀이
찬바람 된서리에
누렇게 빛 바랬다

세월 앞에는
억셈도 그 무엇도
몸부림인 것

짧은 생이 한이 되어
죽은 뒤 더 꼿꼿해지는 억새는
수척한 제 모습에 서글퍼 운다

바람을 다소곳이 받아들이고
한 곳에서 묵묵히 곁눈주지 않는
바람에 누운 듯하다 존재를 다하는
억세지만 연약한 풀이 억새이어라

고향故鄕

옛 어른은 안 계셔도
뒷산과 들판이 그대로
내가 떠나왔어도
나를 반겨주니
이곳을 찾지 않을 수 있으랴

버들갱이 꺾어 피리 불고
찔레순, 잔대 캐며 민둥산 누볐던 어린 날들
모깃불 놓고 누워 밤하늘 별을 세던
어릴 적 시절을 잊을 수 있으랴

산기슭 외딴 집 앞으로 넓은 밭
가장자리엔 감나무, 밤나무가 울타리 되고
그 언덕 밑으로 시냇물 흘러가는 곳
내 인생의 씨앗이 자라났던 그 곳을
어찌, 몸속에서 떠나보낼 수 있으랴

성홍산 자락 굽이친 긴 골엔
가재 기어 다니고 물새 날던 곳
꽃봉오리 햇볕을 향하듯
그곳을 내 어찌 잊을 수가 있으랴

은은한 사랑

얼마 못가는
폭풍 같은 사랑보다는
은근히 오래가는
훈풍의 잔잔한 사랑이고 싶다

쉬 식어 버리는
소나기 같은 사랑보다는
차라리 이슬비처럼 따스한 사랑이고 싶다

오래 못가는
열정적인 사랑보다는
은은하게 변함이 없는
그런 사랑이고 싶다

진실한 가슴으로
주고 받는 포근한 사랑
그런 사랑이고 싶다

그대가 한번 나를 되어 봤으면

그대는
내 가슴 깊은 곳까지
모두 차지해 버렸습니다

날이 갈수록
내 마음은 그대 향해
날아가고 있지요

그대가
나를 한번 꼭
되어 봤으면 좋겠습니다

그러면
내가 그대를
얼마나 사랑하고 있는지를
알 수 있을 테니까요

한글

반 천 년 넘게 거스른 한반도에
인류사에 길이 남을 소리글자
세종임금 삼십 년 고뇌로 빛을 내어
위대한 한글이 창제되었어라

두 획만 그어도 글자 되고
스물네 자 어울리면 못 쓸 말 없는
민족 말소리 가장 쉽게 적는
보배로운 소리문자

세상 글자 중 말소리를 가장 많이 적나니
이보다 나은 글자 또 어디 있으랴
독창적이고, 과학적임이 세계에 으뜸이니
세계기록문화유산이라

이제, 소중한 민족의 자산
긍지와 자부심으로 아끼고 살려
글자 없는 소수민족 글눈이 되게 해야 하리

우리 한글이 세계 공통어 되는 날 오리니
세계로 나아가자, 세상을 이끌자
한민족이여, 한겨레여

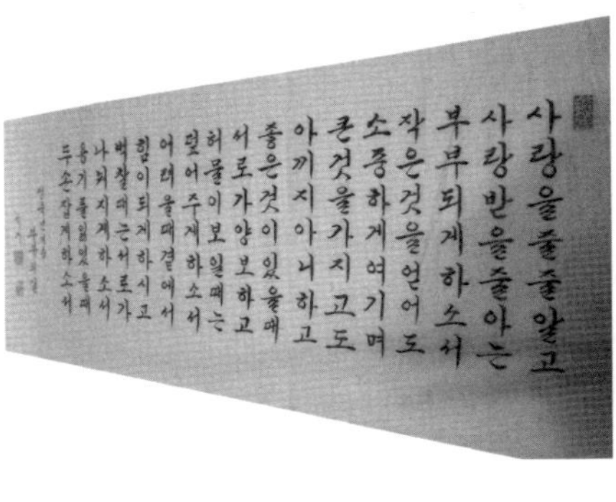

홍시

곱던 감잎은
천둥, 번개 다 맞으며
누런 감을 키워
푸른 하늘에 올렸다

늦가을 찬바람에
우수수 지는
감잎을
차마 볼 수 없었던 감

찬이슬 내리도록
밤새워 잎을 그리워하다
빨간 홍시가 된다

도시 플라타너스

나목으로 서 있는 플라타너스
해마다 팔이 잘려
애처로운 몸통이다

잘 크는 버릇으로
도시 빌딩가에 서서
햇볕도 구걸하며 산다

비만한 몸엔 상처투성이
부딪히고 공해 먹으며 그늘을 주건만
위로하는 이 없다

각박한 도심 속 나목은
못 받은 사랑을 갈구하며
시골을 동경憧憬하며 서 있다

가을 길목

2013우정사업본부 카렌다 「가을 길목」 중

들녘 곳곳엔 벼, 수수, 콩들
황금빛 세계 속 고개 숙여
사랑이 영글어 가는가

청 푸른 하늘엔
붉은 감 걸려
그 사이로 뭉게구름 떠간다

나뭇잎은 저마다
아쉬운 세월의 슬픔을
색으로 토해
붉은 산으로 물들인다

창문에 기댄 이 몸도
떠가는 저 구름도, 슬퍼하는 나뭇잎도
피할 수 없는 계절의 순응이요
세월과의 동행이리라

내 가슴 안에

가슴 한구석에
미워하는 마음을
내보내려 합니다
한 사람만 아끼고 사랑하는 마음도
내보내려 합니다

내 가슴 안에 공존하는
사랑하는 마음과
미워하는 마음을 모두 내보내고

유리알처럼 깨끗한
넓은 가슴을 만들어
용서하고 나를 낮추는 마음으로
내 가슴 다시 채우려 합니다

손자孫子

1
눈에 넣어도 아프지 않을
내 어린 손자
세상 무엇과 바꾸리

노는 것만 보아도
먹는 것만 보아도
얼굴 비비고 싶은 놈

티없이 맑은 눈으로
환히 웃으며 내 품에 안길 때면
세상 근심이 지워진다

아무리 보아도
보기 아까운
아들의 아들, 손자 놈
이런 놈이 어디서 왔는가

2

아들 내외는
주말부부

우리 집엔
어린 손자 놈을
가운데 뉘고 잔다

때 지나도록
모기는
어디서 나오는지

차라리
나를 물거라
어깨 내놓고 잠이 든다

제주도濟州道

백두대간 끝자락
한반도의 분신分身

장엄한 한라산 자락엔
죽어 천 년 구상나무 고목이
허연 세월을 그렸다

구름이 상봉을 뒤덮다
하늘이 열리고
흰 사슴 물 먹던 백록담 나오니
변화무쌍의 신비함이여

그림 같은 바다, 기암절벽
일산사계一山四季의 식물들
신이 만든 성산 일출봉

세계 자연유산이로다

은반의 꽃

은반 위에
말간 연꽃잎이
소스라친다

얼음 위를 휘도는
고깔 안 쓴 승무
가냘픈 몸부림

휘돌아서 사뿐히 질주하는
나비의 춤

지워지지 않을
마음의 여신이어라

그대를 더 사랑하는 것은

3

지워지지 않는 사람

조남명 作「가을 들녘」

그대를 더 사랑하는 것은

처음 눈빛

내가 그대를 처음 보았을 때
내 가슴에 쏙 들어왔습니다
그대 눈빛과 내 눈빛이
교차할 때
가슴이 뛰기 시작했습니다

그대가 내 눈 속에 들어온 것처럼
나도 그대 눈 속으로 들어갔습니다

지금도
그대와 나는
처음 그 사랑의 눈빛
그대로입니다

어김없이 오는 봄

짙어진 봄볕
대지는 연초록 옷을 입는다

봄은 평등하다
비탈진 언덕에도 산속 개울에도
돌 틈새 숨어 피는 작은 꽃에도 싹을 틔운다

제 몸 하나 제대로 세우기 어려운
길섶 이름 모를 들풀에도
꽃대를 세워준다

어김없이 빈손으로 오는 봄을
반기고 기다리는 것은
새 생명을 낳아
온 누리에 생기 가득한 때문이다

목련木蓮

푸른 하늘에
젖빛 글씨 써대는
목필木筆 한 자루

태양을 외면하고
북향을 그리는
단심의 혼, 그 깊은 속을 누가 알까

볼수록
고결함이 풍기는
말-간 선화仙花여
더 오래 일수는 없는가

* 나무에 피는 연꽃 같다 하여 목련(木蓮),
꽃눈이 붓끝을 닮았다 하여 목필(木筆),
꽃봉오리가 북쪽을 향했다고 북향화(北向花)라 함.

당신은

당신은 참 좋은 사람입니다
티 없이 고운 마음을
간직하고 있으니까요

늘 같이 있고 싶은 사람입니다
무엇을 해도 선한 모습 묻어나
같이 있으면 포근하고 편안해지니까요

볼수록 매력있는 사람입니다
꾸밈없는 순수한 모습이
아침 이슬 같아 마음에 와 닿으니까요

사랑의 끈

그대 사랑 있기에
난 그대를 사랑하고
내가 그대 사랑하기에
그대도 나를 사랑합니다

우리 둘은
질긴 사랑의 끈으로
묶여 있기에
서로가 사랑에 젖어 있습니다

우리 두 몸은
언제까지나 끊어지지 않는
사랑의 끈으로 동여매어 있습니다

가는 길

마음이 즐거우면
하루를 걸어도 발걸음이 가볍고
걱정이 숨어 있으면
얼마 못가 싫증이 납니다

사람이 가는 길
긍정하며 즐겁게 가노라면
그 길은 지루하지 않습니다

잠시만 걷는 것도 아닌
종착역까지 가야 할
한 번의 길고도 짧은 인생길
즐거움 지고 가야 합니다

즐겁게 사는 삶

세상을 약게만
살아가는 사람이 있습니다
그게 당장은 나쁠 리 없지만
삶의 최선은 아닙니다

약게 사는 사람이
사실은 더 힘든 법
어느 땐가는 자기보다
더 약은을 만나기 때문입니다

즐겁게 살아가는 사람은 행복합니다
즐겁게 사는 사람 앞에서는
경쟁을 하거나 비교할 수 없기 때문입니다

약게 사는 사람을 부러워할 게 아닌 것은
즐거운 마음으로 사는 것이
인생 최고이기 때문입니다

속을 씻어야

알몸의 사람들
탕 속에 몸을 담가
제 몸은 정성으로 닦아낸다

겉만 벗겨 내면
깨끗한 양
더러운 속은 그대로
씻어 낼 줄을 모른다

밖에선 별의별 짓
다하고 들어와
그저 목욕만 하고 나면
깨끗한 몸 된 줄 알고 나간다

그대 떠난다면

그대가 나에게서
떠난다 하면
몇 날만 있어 달라 하여 보리

기어이 가야겠다
뿌리치면은
말없이 그대로 보내 드리리

뒤돌아서 몇 날일지
몸부림으로
속을 태워 재災 되어 잊어보리라

인생 역驛

다시는 돌아올 수 없는
열차가
역마다 서며 간다

사람들은 내리고 탄다
오래 타고 온 사람 내리고
간혹 그렇지 않은 이도 내린다

가족들이 말려도
뿌리치며 내린다
새로 탄 가족도 맞이한다

역마다 내리고 타고
또, 타고 내려도
사람들은 줄지 않고
레일을 달린다

바다

잔잔해지려
출렁인다
쉬
잖
고

소용없는 일

아무리 재산이 있다한들
못쓰고 쥐고만 있다면
무슨 소용이 있으리오

많은 일을 아무리 한다 해도
내 가족을 위해
시간을 보내지 않는다면
무슨 소용이 있으리오

지위가 아무리 높다 한들
더불어 살아가지 않는다면
무슨 소용이 있으리오

나라를 아무리 위한다 한들
마음속에 생각만 하고 있다면
정말 무슨 소용이 있으리오

먼저 되어야 하리

좋은 아내
만나기를 바란다면
먼저 좋은 남자가 되어야 하리

좋은 남편
만나기를 원한다면
먼저 좋은 여자가 되어야 하리

아들딸이
어떻게 되기를 원한다면
먼저 그런 부모가 되어야 하리

좋은 세상을 바라거든
내가 세상에
먼저 발 벗고 나서야 하는 것이리

단풍처럼

푸르던 잎은
단풍으로
변해도
즐겨 찾는 이 많다마는

사람은
늙는 듯하면
반기는 이 없는가

나이 들며
단풍처럼
곱게
물들어 갈 수는 없을런가

가을 이별

계절에 순응하는
나무의 천성은 곱고
잎은 더 아름답다

불붙던 산야는
재만 남긴 채
돌아가고

긴 이별 앞에
한을 풀어내며
낙엽은 내려앉는다

찬바람은
빈 들녘을 휘돌다
앙상한 나뭇가지에 올라
긴 겨울 품에 안긴다

지워지지 않는 사람

언뜻 스쳐오는
그 사람

마음 한구석에
쓸쓸히 남아 있는 사람

어디서 살고 있을까
잘 살고 있겠지

오늘도 지워보려
애쓰는 그 사람

4

그대를
더
사랑하는 것은

조남명 作 「포도」

그대를 더 사랑하는 것은

설날 아침에

매년 오는 새해라도
새 마음으로 맞이하리

소망을 안고
꼭 이뤄야 할 일
마음에 담고 첫 아침을 맞으리

늘어난 만큼 나잇값을 해야 하고
제 나이 먹는 것만 알며
애들 머리 크는 것 모르면 안 되느니

핏줄들 모여 조상 기리고
둘러앉아 떡국 한 그릇, 술 한 잔
나눌 수 있으니
그만하면 족하리

오월에 내리는 눈

푸른 나무 잎에
흰밥을
저리 뿌려 놓았는가

바람이 뭉실뭉실
흔들어대면
향기 진동하는 백발나무

늦은 봄날
흰 눈 뒤덮은
이팝나무 꽃 흐드러진 겨울거리
유성온천 온기溫氣에 녹아내린다

* 이팝나무의 이팝은 이밥 즉 흰밥을 이르는 말임.

선운사 꽃무릇

녹음 짙은
선운사 도솔천 언저리
지천으로 피워낸
동백꽃보다 붉은 꽃무릇

평생 잎을 못 본
그리움에 사무쳐
피어난 상사화相思花

사랑하는 여인을 두고 죽은
스님이 꽃으로 살아나
밤하늘 폭죽 같은 자태
잎도 일생 꽃을 그린다

목탁소리 경내에 맴돌고
연등은 바람에 나부끼는데
꽃무릇 속으로 걸어가는 그림자

단풍

비바람 이겨낸
녹색 잎의 꿈은 사라져
붉은 산하는
울분을 토해 내는 객혈喀血

들풀 같은 짧은 생애
울긋불긋 병색을 보고
누가 곱다 하는가

몸에서 지는 낙엽을
터지는 가슴으로 보며
겨우내 서있는 나무

한기가 스미면
단풍잎은 빛바랜 채
기력 없이 내려앉아
찬바람, 빈 가지에 둥지를 튼다

간밤에 내린 눈

대지는 흰 도화지

청청한 낮
푸른 하늘 물감 찍어
그림을 그린다

발자국이
빗자루가
자동차가
해님이

거대한 그림을 그린다

임종臨終

죽어가는 이를
곁에서 본다
죽음 자체는 힘든 것
멈추려는 세탁기처럼

잘 살았다는 건
잘 죽는다는 것
죽음도 준비가 있어야 하는 것

언제 죽을지 알 수 없지만
당하지 말고
맞이하는 것이어야 하리

아무리 가깝다 한들
대신 아파 줄 수 있는가
대신 죽어 줄 수 있는가

결국 본인의 몫
편안히 마칠 수 있도록
함께 해주는 것
이 말고 무얼 해 줄 수 있단 말인가

눈사람

동네 어귀 홀로
앉은 듯 서 있는
야윈 눈사람

그리움
몸속에 안고
제 속을 비우며
망부석인양 서 있다

녹아
먼지만 남을 때까지
그리워하다
거기 남는다

소중한 하루

한 달이 되면
어떤 장벽 없이
새 달로 바뀐다

한 해도 다 지나면
별 매듭 없이
새해가 시작된다

그러나
하루가 바뀔 때는
밤이라는 어두운 장막이 있다

한 달, 일 년보다는
하루가 더 소중해서 그런 거다
하루를 더 새롭게 시작하라는 거다
일생의 작은 한 토막인 하루를

엄동설한嚴冬雪寒

세찬 눈보라에
눈은 바위 뒤로 숨어 쌓이고
골짜기를 메운다

산짐승 뱃속 비어가고
허기진 새들 방황한다
가여운 목숨들
얼어붙은 눈 산야를 어찌 살랴

수북이 쌓인 눈 지붕 아래
인적소리 가냘프게 들린다

고향집 겨울밤

찬바람이 문풍지를 치고
함박눈 하염없이 쏟아지는
시골 겨울밤

어머니 고무신 닳고 닳은 부엌
빈 아궁이에 가마 불 때듯 장작불 지피고
온돌방에 들어 눕는다

나무 타는 냄새 코가 뚫리고
시렸던 등은 못 참을 듯 뜨거워오는데
평생을 이 온돌에 등을 대신
부모님 그리움에 사무친다

가슴 따뜻하게 한번 못살다 가신
그 걸리는 마음이 나를 잠 못 들게 하고
못 해 드린 일들만이
가슴 위에 눈송이처럼 내려앉는다

어버이

달팽이 등짐 지듯
가난을 업은 버거운 삶
많은 자식들 희망 하나 걸고
흙과 씨름하다 가신 분들

당신이 원하는 삶도
당신의 인생도 없이
자식만을 위한 잠시의 삶이었습니다

당신이 낳았다고
기력 다할 때까지 일을 하다
끝내 자식 걱정하며 가셨습니다

푸성귀로 허기 채우고
겨울끼니를 건너기도 한 시절
먹고 살기에 여념 없어
옷 한 벌 제대로 못 입고

온갖 시련 겪으며 살다 가셨습니다

이 좋은 세상을
못살아 보신 분들
당신이 한없이 주신 그 따뜻한 사랑
그 참뜻을 깨달은 지금은
당신은 이 세상에 계시지 않습니다

살아생전에 더 섬기지 못한 것
후회하고 뉘우친들
무슨 소용이 있으리까
보고 싶고 그리운
어머니, 아버지

아버지의 혼불

시골 외딴집 등잔불 희미한 방안
아랫목엔 편찮으신 아버지 누워 계시고
어린 나 홀로 곁에 있었다

밖은 칠흑 같은 한밤중인데
별안간 창호지 문살이
대낮처럼 환하게 방으로 비쳐
민경*으로 내다보았다

우리 집 마당에서 긴 불덩어리가
건너편 산으로 둥실둥실
여운을 남기며 떠가는 게 아닌가

아버지는 며칠 만에 돌아가셨다
그때는 몰랐지만
그게 아버지의 혼불이었을 줄이야

*민경 : 방에서 밖을 볼 수 있도록 창호지 문 가운데 조그맣게 붙인 투명유리

그리움

몸속에 있건만
제 마음대로
못 하는 것

마음 독하게
잊어보려 하건만
더 돋아 오르는 것

다시는
그렇지 않겠다고
접고 접어 보지만
그리 안 되는 것

사간이 흐를수록
더욱 깊어만 갑니다

매미의 통곡

터질 듯
토해내는 소리는
동네를 다 삼켰다

피를 토하며 우는 건
암흑 속 긴 세월이 북받친
애통의 소리일 게다
짧은 생을 슬퍼하는 통곡일 게다

도심을 맴도는 무더운 소리
그라도 있어 여름곡이 아니던가
마지막을 외치는 쓸쓸한 울부짖음을
같은 슬픔으로 듣는다

여름밤

있는 문 다 열고
대기를 덮고 자는 여름밤
그라도 있어
한낮 더위를 견디어낸다

잠 못 이뤄
뒤척이는 나날
검은 하늘 저편엔
별똥별이 흰 줄을 긋는다

새벽 한기에
귀뚜라미는 용케도
처량하게 울어댄다

지루했던 무더위도 아쉬운 것은
더위가 가면
한해가 또 가기 때문이리라

그대를 더 사랑하는 것은

내가 그대를
더 사랑하는 것은
그대와 함께 있으면
본연의 내 모습이기 때문입니다

내가 그대를
더 사랑하는 것은
그대는 내가 필요한 자유를
나에게 다 주기 때문입니다

내가 그대를
더 사랑하는 것은
그대는 내가 말하기 전에
알아서 모든 걸 해주기 때문입니다

내가 그대를
더 사랑하는 것은
그대는 악한 일은 하지 못하는
무엇하나 버릴 게 없기 때문입니다

그대를 더 사랑하는 것은

5

사랑은 마음입니다

조남명 作「枯梅」

그대를 더 사랑하는 것은

사랑은 마음입니다

사랑은
나보다 상대방을 위하는 마음입니다
잘못이 있어도
용서하고 감싸주는 마음입니다

사랑은
속상함과 고민을 나누어 갖으며
모자람이 보일 때
채워주고 덮어주는 마음입니다

사랑은
옆에서 지켜주고 기댈 수 있도록
함께 해주는 마음입니다
상대가 말하기 전에
알아서 해주는 마음입니다

열매

푸른 하늘 아래
탐스러이 익은 과일도
비바람과 천둥, 무더위를
견디며 영글었으리
시달리지 않고
익는 열매가 어디 있으랴

어느
성공한 사람들도
실패와 좌절을 딛고 일어나
다시 이루었나니
시련 없이
이루는 일이 어디 있으랴

그대를 사랑합니다

말할 순
없지만
그대를 사랑합니다

다가가 고백은
더욱 못 하지만
나, 그대를 사랑합니다

사랑할 수 없다는 것
잘 알면서도
그대를 향한 마음
어찌할 길 없어

민들레 흰 꽃잎
잿빛 되어
그대를 그리워합니다

나만이 그대를

그대는
내 가슴 깊은 곳까지
전부 차지하고

내 사는 세상
어디에도
같이 있는데

그대 가슴 안에도
내가 있는지
알 길이 없어라

통일의 그 날

언 땅 메마른 깊은 곳에서
숨죽여 흐르는 물소리 들린다
가쁜 숨 몰아 참으며 가까워 오는
동포의 눈물 소리 들려온다

동여 맺던 허리 풀어지고
사지에 피 상통하는
그날이 오면

가슴 미어지다 터져도
알몸에 흰 두루마기 걸치고
금수강산 맨발로 뛰어
겨레의 가슴끼리 얼싸안으리라

백두산 한라산을 단숨에 올라
무궁화 꽃잎 삼천리 한반도에 뿌리고
온 세계에 던지리라

그대 만나기를 잘했습니다

생각해 보면
그대 만나기를
참 잘했습니다

그대를 만났기에
지금껏 사랑의 둥지에서
행복한 마음으로
사는 것이라 생각합니다

그대를 만나
강산이 여러 번 바뀌었어도
그대는 처음처럼
지금껏 한결같은 사람입니다
그대 만나기를 참 잘했습니다

그대의 가슴 안에도
나를 만난 것을 잘한 것이라
하고 있는지 모르겠습니다

그대는
더 큰 행복을 누리고 살아야 할
그런 사람입니다

세월이 갈수록
어려운 삶의 눌림으로
주름은 귀밑에 깊어져가는
그대를 보고 있노라면
그대가 더 소중하게 여겨집니다

독도獨島

동해 드넓은 검푸른 바다 위
외로이 떠있는 한반도의 분신
부모 섬 울릉도 자락에
동도 서도 딸린 팔십구 개 섬

신라 우산국을 거쳐
거센 파도 비바람에 시달려도
굳건히 한반도를 지켜온
애처롭게 씻겨 내린 자태여!
그 혼이여!

이제 외롭지 않게
혼자가 아니게
모두 나서 감싸줘야 하리
지켜줘야 하리

바다 건너 별의별 짓 다 함은

침략 근성 보여 주는 것
우리 민족은 분개하노라
되레, 대마도가 우리의 섬인 것을

성인봉聖人峯에서 보이는 독도
삼국부터 혈통 내려온
울릉도와 부자지간의 도근島根
보라!
독도 몸에 있는 한반도 형상을

우리는 독도를 왜곡하는 짓들을
바로 잡아야 되느니
독도는 모국을 향해 애원한다
영원히 지켜 달라고

금강錦江

비단 물결 천 리 휘감아
숱한 세월 헤치고
한恨과 곡절을 머금고
격동과 투쟁의 역사 헤치며
굽이쳐 휘돌아 서해로 흐른다

장수 뜬봉샘에서 발원
모든 지류 포용하여 큰 줄기 거듭나
무주구천동과 양산팔경을 빚고
대청댐 돌아 대전 삼천三川을 수용
공주와 부여 고도古都를 안으며
낙화암 한을 품은 채 흐른다

충청의 생명을 품고 흐르는 이 젖줄
태고부터 조상이 정착해 살아온 이 강
분지와 넓은 평야를 낳아
삶의 터전을 주어 백제문화를 잉태시키고

풍요의 숨결을 주었다

자랑스레 후손에 물려줄
순한 비단 강줄기는
충청도 사람들처럼
온화와 여유, 포용을 품에 녹인 채
좋은 세상은 오고 있노라며
역사를 안고 유유히 흘러간다

진달래꽃

이 땅의 산과 들에
민족과 오랜 세월
인고忍苦를 같이한 진달래꽃

보는 이야 있건 없건
어디든 숨어 피어
빼어나지 못해 수수한 꽃
구백 삼십여 외침外侵에 시달린 빛이런가

빨 노랑 외래 꽃 우쭐대도
역사는 내가 아느니
등 굽은 채 산하에 누웠다

춘객春客 눈 맞춤에
부끄러워 볼 붉어진
시집 온 새색시 같은
수줍은 자태의 연분홍 꽃이여!

외로웠던 설움에 북받쳐
수정 같은 이슬 머금고 흐느끼며
외로워 찾는 이를 반기려
잎사귀 모르게 꽃부터 피었는가

부부가 살아간다는 것은

부부가 살아간다는 것은
밥상을 둘이서
들고 가는 것과 같으리

한 사람은 뒤로 걸어
앞으로 걷는 사람을 따르고
앞으로 걷는 사람은
뒤로 걷는 사람을 맞추면서
마주보고 잘 따라가야 한다

내려놓을 때까지
가는 속도와 상 높이를 맞추면서
조심조심 가야 한다
그렇지 않으면 가다가 쏟아지고 만다

동백꽃

녹다 만
하얀 눈을 제친
동백꽃

골짜기
시린 해풍海風에
시달려도

눈이 부실 듯
불이 붙은
다홍화여!

누구를 그리워하여
못 기다린 채
깊은 삼동三冬에 피었는가

내려가는 법

내가
산에 오르는 것은
잘 내려가기 위해서다

내려가며
길옆도
보기 위함이다

오를 때 못 본 것들 보며
보람있게 내려가는 법
배우기 위해서다

우리네 삶이
앞만 보며 오르는
산山 오름과 무엇이 다르랴

미안합니다

두 발로 혼자
걸어 나올 수 있어
소리 내어 웃을 수 있어
그렇지 못한 이에게 미안합니다

밥을 내 손으로 먹을 수 있어
어디든 보며 갈 수 있어
그렇지 못한 이에게 미안합니다

남 이야기 듣고
내 이야기 줄 수 있어
들어 살 수 있는 허름한 집 한 채 있어
그렇지 못한 이에게 진정 미안합니다

가족家族

부부 둥지 만들어
사랑의 흔적으로
태워준 자식

천륜으로 맺어진
뗄 수 없는 불변
보듬고 사는 맨 가까운 붙이

믿음, 사랑으로
마음 넓히고 덕德 기르는
부모, 부모의 부모
자식, 자식의 자식

모자람의 여유 속
사랑으로 숨 쉬는
눈빛, 표정만으로 사는
보금자리가 있어 내가 살고 산다

그대와 걷던 길

숲 우거진 그 길
지금도 누군가 우리처럼
어깨 마주 하며 걷고 있을까

그 때는 사랑에 가려
오가는 사람도 보이지 않던
나무 향기 그윽했던 그 길

그때 있던 나무는
몰라보게 컸겠지
죽도록 사랑하자고 하던 곳
그 바위는 변함없이 우리를 지켜보겠지

세월이 흘러간 지금
추억을 더듬으며
그대와 다시 한 번
꼭 걸어보고 싶은 그 길

백두산白頭山 천지

곤륜산 용맥 이어 내려
백두산 하늘 높이 솟아
분화구 터지며 세상에 알렸다
여기는 한민족 살아갈 터전

까마득한 날 용암 내뿜어 봉우리 되고
분화구 하늘의 연못 되기까지
모진 우풍한설에 무던히 시달렸으리
장엄한 기세의 바위와 토사는
습濕으로 젖어 민족의 눈물인 양 애처롭다

신비스런 명경지수에
병풍인양 둘러싸인 기암절벽
기이한 자태, 수려한 형상은
절경으로 비쳐 극치를 이루니
천지에 손을 못 넣어 보고

어찌 백두산을 올랐다 하리

남으로 한반도
북으론 압록강, 두만강 건너 만주 벌판까지
드넓은 우리 영토였다는 것을
영산靈山은 알고 있으리라
결코 잊지 않으리

민족 혼 깃든 백두산이여!
얼이 녹아 서린 검푸른 천지여!

이제 한반도 동여맨 허리 풀리고
삼천리강산 터전에 한겨레 어우러져
힘 있는 번영 누릴 그 날이 오도록
성산聖山이여, 서기瑞氣를 주소서
하여, 다 같이 힘을 모을 때가 되었나니
한민족이여, 한겨레여

■ 평설

사람과 사랑, 그 서정의 나라

– 조남명 시집『그대를 더 사랑하는 것은』

김용재_ 시인, UPLI한국회장

I

오늘날 우리 문단에는 하이퍼 시를 열심히 쓰면서 보급하는 시인그룹이 있는가 하면 하이퍼 시가 도대체 무엇이냐고 묻는 시인도 있다. 디지털 시나 디카 시를 열심히 쓰면서 보급하는 시인들이 있는가 하면 디지털 시나 디카 시란 말을 처음 들어본다고 하는 시인도 있다.

『에코토피아를 향한 생명시학』이란 평론집이 나온 지가 14년이 되었는데 생태시에 대한 시론적 논의가 무엇인지 관심 밖으로 내몰린 시인들도 적지 않은 듯하다. 한국문인협회 회원주소록에 보면 이미 새로운 장르로 정착된 듯 20여 명 민조시 회원명단이 수록되어 있는데 그 민조시가 어떻게 생긴 시냐고 묻는 시인도 있다.

위트·펀·컨시트와 순수한 통징通徵의 미학이란 슬로건을 내걸고 2008년에 풍시조諷詩調 창간호가 나왔는데 풍시조가 '풍자시쪼로' 쓴 조어임을 아는 시인은 별로 없다. 책을 읽고 나서야 비로소 시時를 앞세운 시조가 아님을 알게 되었다고 토로하는 시인도 있다. 한줄시도, 한 행, 한 문장으로 한정된 것이 아니라는 의미영역을 제대로 파악하고 있는 시인은 꽤나 드물다. 그런 시도 있느냐고 묻는 시인이 한둘이 아니다.

21세기 한국문학의 화두로 떠오른 시라고 할까, 화두로 끌어올리려는 실험시의 유형이라고 할까, 오늘도 그런 시들이 콩나물처럼 뽑혀 나오고 있다. 그러나 이와는 아랑곳없이 서정의 가슴에서 굴러 나오는 시편 또한 꽃밭인양 운집하고 있다.

II

조남명 시인의 시는 일단 실험시의 유형들과는 거리가 멀다. 힘들여 실험하지 않아도 적지 않은 독자층을 확보하며 시를 쓸 수 있다는 증거를 보여주기라도 하듯 낙천적 심성과 미소의 정담을 우려내고 있다.

특히 사람의 사랑과 사랑의 사람을 주제로 엮어낸 시편들이 중심을 이루고 있어 조남명 시인의 시는 사람과 사랑, 그 서정의 나라를 이루고 있다.

「이게 사람입니다」, 「기다려지는 사람」, 「당신은 좋은 사람입니다」, 「지워지지 않는 사람」, 「눈사람」 등 20여 편이 사람을 앞세운 시편이며 「그대를 더 사랑합니다」, 「은은한 사랑」, 「사랑의 끈」, 「그대를 더 사랑하는 것은」, 「사랑은 마음입니다」, 「그대를 사랑합니다」 등 역시 20여 편이 사랑을 심은 시편들이다.

사람과 사랑의 나라에 사는 주인공들은 우리 자신이며 가족이며 이웃들이다. 그대 – 아내 – 당신과 나 – 부부 – 내외 – 손자 – 아버지 – 어머니 – 가족 – 여인 – 남자 – 여자 – 우리 – 남 – 애들 – 아들 – 핏줄 – 조상 – 부모님 – 부모 – 자식 – 동포– 겨레 – 한겨레 – 민족 – 한민족 – 춘객春客 – 새색시 – 누구 – 상대 – 상대방 – 알몸 – 종족 – 본인 – 망부석… 등이 주요 시어로 그 기능을 발휘하고 편편마다 사진이 붙어 있어서, 사실은 어떤 해설이 없어도 독자들이 편안하게 감상할 수 있을 것이라 여겨진다.

사람과 사랑으로 용해되는 우리와 친숙한 직·간접의 인물들이 우리의 가슴에 시심으로 작용하고 있기 때문일 것이다.

티 없이 맑은 눈으로
환히 웃으며
내 품에 안길 때면
세상 근심이 지워진다

–「손자」 일부

사람의 사랑은 생물학적 연대로 보면 부모사랑 – 부부사랑 – 자식사랑 – 손자(손녀)사랑, 이렇게 옮겨가며 사랑의 통일을 이룬다. 이웃사랑, 나라사랑, 우주사랑도 사랑의 통일을 이루는 가운데 더욱 가능한 일이 될 것이다.

일시적인 것일지라도 세상 근심이 자신도 모르게 지워지는, 손자와의 만남은 사랑의 통일을 이루는 소중한 근거로 작용할 수 있을 것이다. 단순한 것 같지만 얼마나 편안한 현실이며 또한 시심인가.

그대 힘들 때면
언제라도
걸터앉아 쉴 수 있는
의자가 되어
그대 옆에 있을게요

살다보면
모든 게 귀찮고 싫어질 땐
주저앉아 마음을 가다듬을 수 있는
의자가 되어
그대 옆에 있을게요

고달프거나 속상할 때는
마음을 달랠 수 있는
편한 의자가 되어
그대 옆에 늘 있을게요

–「의자가 되어」 전문

이 시에서 의자는 사랑의 상징적 의미로, 보이지 않는 「나」와 동일시된다. 쉴 수 있는 휴식의 의자(1연), 마음을 가다듬을 수 있는 충전의 의자(2연), 마음을 달랠 수 있는 조절 또는 조화의 의자(3연)는 사랑의 승화 아니고 무엇이겠는가.

이 시를 읽으며 켕기는 마음이 생겨난다면, 실천력의 가능성을 따지는 어리석음을 시에서 만큼은 떼어놓아도 좋을 것이다.

Ⅲ

「사람과 사랑, 그 서정의 나라」라는 의미에서 조남명 시인의 시를 살펴보았지만 그 범주 밖의 시제이면서 같은 주제의 영역을 포괄하고 있는 시편들에 더 마음이 간다. 「억새」, 「홍시」, 「가을이별」 등 원숙함의 이미지를 살려낸 작품들을 뽑아보았다.

칼날 잎 서슬 퍼렇던 억새풀이
찬바람 된서리에
누렇게 빛 바랜다

세월 앞에는
억셈도 그 무엇도
몸부림인 것

짧은 생이 한이 되어
죽은 뒤 더 꼿꼿해지는 억새는
수척한 제 모습에 서글퍼 운다

바람을 다소곳이 받아들이고
한 곳에서 묵묵히 곁눈 주지 않는
바람에 누운 듯하다 존재를 다하는
억세지만 연약한 풀이 억새이어라

—「억새」 전문

이 시를 잘 살펴보면 억새는 억새 그대로의 모습이며 억새 그대로의 의미로 나타나고 있다. 특별한 비유법도 없다. 사물을 사물 그대로 본 결과이며, 그래서 사물시의 성취를 거둔 작품으로 평가받을 수 있을 것이다.

그러면서 의인화(personification)의 비유법을 적용해 보면 사람과 사랑의 문제가 내재해 있다는 것도 알 수 있게 될 것이다.

'억세지만 연약한 풀이 억새'라는 사물이미지와 '세월 앞에는 / 억셈도 그 무엇도 / 몸부림인 것'이라는 사물 유추의 인생문제를 대입해 볼 수 있는 자연스러움이 혼재하고 있음을 알게 된다.

곱던 감잎은
천둥, 번개 다 맞으며

누런 감을 키워
푸른 하늘에 올렸다

늦가을 찬바람에
우수수 지는
감잎을
차마 볼 수 없었던 감

찬이슬 내리도록
밤새워 잎을 그리워하다
빨간 홍시가 된다

—「홍시」 전문

이 시는 홍시를 직시하면서 얻은 가족의식과 그리움이 주제를 이룬다. 그 가족의식과 그리움 속에는 천둥, 번개, 찬 바람, 찬 이슬 같은 고통의 다른 이름들이 자리를 잡는다. 잎을 그리워하다 빨간 홍시가 된 사연은 결국 그리움으로 점철된다. 사람과 사랑의 다른 이름들이 홍시의 아름다움을 더해준다.

계절에 순응하는
나무의 천성은 곱고
잎은 더 아름답다

불붙던 산야는
재만 남긴 채

돌아가고

긴 이별 앞에
한을 풀어내며
낙엽은 내려앉는다

찬바람은
빈 들녘을 휘돌다
앙상한 나뭇가지에 올라
긴 겨울 품에 안긴다

—「가을 이별」 전문

「가을 이별」은 가을 나무를 소재로 한 이별과 한恨의 협주곡이다. 가을 나무와 잎의 아름다움, 불붙던 산야, 이별과 한의 낙엽이 '쓸쓸함'의 처지를 상승시키며 앙상한 나뭇가지에 오른 찬바람이 겨울 품에 안기는 냉랭한 고적감이 이별의 실상을 현시한다. 팔베개 할 빈 터라도 있을까? 눈감으면 스르르 잠인들 잘 들까? 찬바람은 다시 빈 들녘을 휘돌까? 유추하면 다시 사람과 사랑의 내면을 그릴 수 있을 것이다.

Ⅳ

사람은 사랑을 생산할 수 있어야 사람이고, 사랑은 사람을 사람답게 양육할 수 있어야 사랑인 것이다. 사람의 마음의 주성분은 사랑이어야 하고 그 사랑을 분석하면 헌신, 희생, 양보, 관용, 법열, 망각, 인내, 용서 등 스스로 체험하며 자기를 추월하는데 필요한 요소들이 적지 않게 나타난다.

그래서일까, 영국 속담에는 사랑은 칼 없이 왕국을 지배한다(Love rules his kingdom without a sword.)는 말이 있다. 입신양명立身揚名의 인물도 두초소인斗筲小人도 모두 사랑으로 왕국을 지배할 수 있고, 사랑 없이는 멍텅구리로 전락할 수 밖에 없다는 뜻을 새겨볼 수 있을 것이다.

조남명 시인은 오늘의 실험시 계열에는 아랑곳없이 사람의 사랑과 사랑의 사람을 중심주제로 하는 전통적 서정의 나라를 자신의 시세계로 펼치고 있다. 그것은 사랑을 체험하는 따뜻한 마음이 바탕이 되었을 것이다. 그 마음은 풍화되고 산화하는 우리의 전통의식을 다시 조립하고 구성하는 힘으로 능히 작용할 수 있을 것이다.

신선함을 찾아 응축과 조탁의 망치를 힘껏 두들긴다면 더 뜨거운 사랑의 산물이 생성될 것이다. 정진을 빈다.